Frank Franke

Mit den Wolken

Mit den Wolken

Herausgegeben und fotografiert von Frank Franke

Gedichte und Texte von R. Bach/R. Munson,
Ch. Baudelaire, C. C. Bergius, F. Franke, M. Kaléko, Lao-Tse,
A. de Saint-Exupéry

Mit einem Geleitwort von
Prof. Helmut Reichmann,
dem dreimaligen Weltmeister im Segelfliegen.

Umschau Verlag   Frankfurt am Main

CIP-Kurztitelaufnahme der Deutschen Bibliothek

Franke, Frank:
Mit den Wolken / hrsg. u. fotogr. von Frank Franke. Gedichte u. Texte von R. Bach . . . Mit e. Geleitw. von Helmut Reichmann.
Frankfurt am Main: Umschau Verlag, 1985.
ISBN 3-524-70002-0
NE: Bach, Richard [Mitarb.]

2. Auflage 1986

© 1985 Umschau Verlag Breidenstein GmbH, Frankfurt am Main

Umschlaggestaltung: Manfred Sehring
Gesamtherstellung: Brönners Druckerei Breidenstein GmbH, Frankfurt am Main
Printed in Germany

Nichts ist

– sagt der Weise.
Du läßt es erstehen.
Es wird mit dem Wind
Deines Atems verwehen
Unmerklich und leise.
Nichts ist. Sagt der Weise.

M. Kaléko: In meinen Träumen läutet es Sturm

Geleitwort

Vielleicht ist es bloß ein besonders klarer Morgen oder auch eine der üblichen Meldungen über Unwetterschäden, die uns wieder ins Gedächtnis rufen, daß wir in unserer technisierten Zivilisationsumwelt wohl doch noch nicht alles fest im Griff haben. Da entfaltet sich unmittelbar über uns heute wie vor Jahrmillionen noch weitgehend ungestört die Natur mit all ihrer Kraft. Noch immer können Wettervorgänge trotz Satellitenbeobachtung und aufwendiger Computerberechnungen mit komplizierten Modellprogrammen nur sehr unvollkommen erfaßt und wenig sicher in ihrer Entwicklung vorhergesagt werden.

Vom unmittelbaren Wettererlebnis sind wir ohnehin durch unsere Lebensweise und deren manische Rastlosigkeit entfremdet. Für den Blick nach oben ist offenbar kaum noch Zeit. Der moderne Farmer hat die Beobachtungsschärfe des Bauern verloren, für dessen Überleben das Wetterverständnis wesentlich war. Vielleicht ist dies alles heute auch gar nicht mehr notwendig, erhält doch jedermann bei Bedarf die gewünschte Information per Zeitung, Rundfunk und Fernsehen unmittelbar frei Haus, bequem, mundgerecht und steril.

Wer fliegt, und vor allem, wer im Segelflugzeug in die Atmosphäre unserer Erde eindringt, erlebt die Natur unmittelbar. Weite Bereiche der Ruhe wechseln mit Zonen heftiger Winde, Gebieten horizontaler und auch vertikaler Umlagerungen gewaltiger Luftmassen. Luft steigt auf, sinkt ab, schwingt, wird erwärmt und kühlt sich ab. Beim Aufstieg wird sie kälter, es bilden sich Wolken, Regen, Schnee. Dies kann gleichmäßig und sanft oder wild und brodelnd vor sich gehen. Entsprechend verschieden sind die Formen der Wolken. Das Segelflugzeug, eine formschön-elegante, technisch nahezu perfekte Krücke des von Natur aus flugunfähigen Menschen gibt uns heute nach Jahrtausenden der Sehnsucht die

Chance, in der Einsamkeit und Großartigkeit der Atmosphäre die Welt aus neuer Perspektive zu erleben. Unwesentliches, Alltägliches bleibt weit unten zurück.

Die Wolken formen eine eigene Landschaft berauschender Erhabenheit und Harmonie in ihrem ständigen Wandel, im Entstehen und Vergehen, im Wachstum und Zerfall. Von hier aus gesehen erscheinen menschliches Gezänk, Zäune, Staatsgrenzen und Kriege noch kleinlicher als ohnehin. Eine Art Urfurcht vor den Allgewalten der Natur verpflichtet zur Verantwortung, diese Natur, deren Teil wir doch auch selber sind, zu erhalten.

Auch wer nur gelegentlich oder gar nicht fliegt, wird beim Anblick der ästhetischen Schönheit zarter Wolkenschleier, gleißend heller Quellwolken oder bedrohlich dunkel-violett heranziehender Gewitterstürme diese oder ähnliche Empfindungen fühlen können.

Die Bilder und Texte, die Frank Franke in diesem Band zusammengestellt hat, mögen dazu anregen, wieder öfter zum Himmel zu sehen und vielleicht über manches, was uns zunächst gewohnt, selbstverständlich und unabänderlich erscheint, nachzudenken.

Helmut Reichmann

Die größte Offenbarung ist die Stille

Lao-Tse: Weisheiten

Adler und Falke

Ich bin wie der Adler
lebe in hohen Gefilden
in Felskathedralen, die
in den Himmel reichen.

Ich bin wie der Falke
Tau auf meinen Flügeln
die Sonne wird sie trocknen
wenn der Tag erwacht.

Und alle, die mich sehen
alle, die mich verstehen
erfahren die Freiheit, die
mich im Flug erfaßt.

Tanze mit dem Westwind
streichle über die Gipfel
durchsegle alle Schluchten
steige auf zu den Sternen.

Greife nach der Ferne
blicke in die Zukunft
nach dem, was sein kann
nicht nach dem, was wir sind.

John Denver

„Was ist das für ein Ding da?"

„Das ist kein Ding. Das fliegt. Das ist ein Flugzeug."

Und ich war stolz, ihm sagen zu können, daß ich fliege. Da rief er:

„Wie! Du bist vom Himmel gefallen?"

„Ja", sagte ich bescheiden.

„Ah! Das ist ja lustig . . ."

Und der Kleine Prinz bekam einen ganz tollen Lachanfall,
der mich ordentlich ärgerte.

Ich lege Wert darauf, daß meine Unfälle ernst genommen werden.

Er aber fuhr fort:

„Also auch du kommst vom Himmel! Von welchem Planeten bist Du denn?"

Da ging mir ein Licht auf über das Geheimnis seiner Anwesenheit
und ich fragte hastig:

„Du kommst also von einem anderen Planeten?"

Aber er antwortete nicht.

Er schüttelte nur sanft den Kopf, indem er mein Flugzeug musterte:

„Freilich, auf dem Ding da kannst du nicht allzu weit herkommen . . ."

Und er versank in eine Träumerei, die lange dauerte. Dann nahm er
mein Schaf aus der Tasche und vertiefte sich in den Anblick seines Schatzes.

A. de Saint-Exupéry: Der Kleine Prinz

Foto: H. Reichmann

Die Reise

*. . . **E**in Tag bricht an . . . im Hirne Flammen gaukeln . . .*
Die Brust brennt Groll und Sehnens Bitterkeit . . .
Wir ziehn und tragen nach der Woge Schaukeln
Unendlich Herz in Meeres Endlichkeit.

Die einen fliehn Heimaten, die nichts taugen,
Die andern ihrer Wiege Graun und der,
Sterndeuter tief ertrunken in zwei Augen,
Der Kirke Stab und ihres Duftes Zehr.

Nicht Tier zu werden, machen sie sich trunken
An Licht und Weite, Himmeln rot vom Strahl;
Des Eises Biß, der Sonne Läuterfunken
Verwischen langsam alter Küsse Mal.

Allein die echten Wandrer sind, die gehen,
Um fortzugehn; sie weichen nie vom Plan
Des Schicksals ab, und wenn die Winde drehen,
Ruft, unbewußt warum, ihr Herz: »Wohlan!«

Sind jene, deren Wünsche Wolken gleichen,
Und, wie der junge Held von Schlachtenlust,
Von weiten Wonnen träumen, wechselreichen
und deren Namen noch kein Mensch gewußt.

Ch. Baudelaire: Die Blumen des Bösen

Das ist des Himmels Art:
für niemanden
hat er eine besondere Vorliebe,
aber immer
ist er auf der Seite der Guten.

Lao-Tse: Weisheiten

Wolken zwischen Land und Flügelschwingen
Hüllen die Erde ein,
Schließen Täler zu,
Bedecken alles was wichtig schien
Habe ich Euch schon vergessen?

Flügel sind meine langen Arme,
Tragen mich höher hinaus,
Sind mir verwachsen.

F. Franke

Aus der Vogelperspektive

. . . Denk ich zuweilen an mein voriges Leben,
Möcht ich die Schwingen breiten und entschweben.
Denn in dem jüngst verflogenen Leben war
M. K. ein Vogel. Kein hochnobler Aar,
Nur so ein Feld- und Wald- und Wiesen-Star,
Den jemand eingefangen und dressiert,
Daß er, gleich Menschen, Worte repetiert . . .

In jener Starenexistenz, wie litt ich
So oft an meinem kurzgestutzten Fittich,
Durch den die Menschen mich im Fluge hemmten
Und mir die Sturmflut der Gefühle dämmten.
– Wär ich ein Mensch, ich ließe mich nicht zähmen! . . .

M. Kaléko: In meinen Träumen läutet es Sturm

Nur ganz draußen, weit; weit von Boot und Küste entfernt, zog die Möwe Jonathan ganz allein ihre Kreise. In dreißig Meter Höhe senkte sie die Läufe, hob den Schnabel und versuchte schwebend eine ganz enge Kurve zu beschreiben. Die Wendung verringerte die Fluggeschwindigkeit; Jonathan hielt so lange durch, bis das Sausen der Zugluft um seinen Kopf nur noch ein leises Flüstern war und der Ozean unter ihm stillzustehen schien. In äußerster Konzentration machte er die Augen schmal, hielt den Atem an, erzwang noch ein . . . einziges . . . kleines . . . Stück . . . dann sträubte sich das Gefieder, er sackte durch und kippte ab.

R. Bach/R. Munson: Die Möwe Jonathan

Ein Vogel fliegt mit mir,
Bin ich einer wie Du,
Begleite mich ein Stück.
Was hat dich so hoch getragen?

F. Franke

Das Flugzeug war mit einem Schlage, mit der Sekunde, in der es hervortauchte, in eine Stille geraten, die wie ein Wunder schien. Nicht eine Luftschwankung hob oder senkte es. Wie eine Barke, die die Mole passiert, glitt es in stille Gewässer. Es schwamm in niegesehenem, entlegenem Teil des Himmels, wie in einer Bucht der Insel der Seligen. Das Wettergewölk unter ihm war wie eine andere Welt, dreitausend Meter dick, von Böen, Wasserwirbeln, Blitzen durchrast; aber die Oberfläche, die es den Gestirnen zukehrte, war von Kristall und Schnee.

A. de Saint-Exupéry: Nachtflug

Foto: H. Reichmann

Der Sonne Strahlenkranz auf Veilchenmeeren,
Der Städte Strahlenreif auf Sonnengrund
Entflammten unsern Herzen ein Begehren
Nach Sturz in eines Himmels lockend Bunt.

Doch was aus Städten, aus Gefilden blinkte,
Kam nie geheimnisvollem Locken nach,
Das aus den Wolken Wechselbildern winkte,
Und immer hielt uns neue Gierde wach . . .

Ch. Baudelaire: Die Blumen des Bösen

... **W**ie unkompliziert wird doch alles, wenn man sich von der Erde abgehoben hat, dachte er beeindruckt. Ihre Probleme versinken; es ist, als gehöre man nicht mehr zu ihr. Alles betrachtet man mit anderen Augen. Mächtige Bauten, die gepriesen oder verdammt werden, haben nur noch die Größe von Streichholzschachteln. Häuser, Straßenzüge und Städte, angefüllt mit Schicksalen und Geschehnissen, gleichen Ameisenhügeln. Alles dem Erdenbewohner wichtig Erscheinende wird klein und nebensächlich angesichts der Größe des Raumes. Die Enge der borstigen Erde weicht unter der Weite der Welt. Es gibt keine Unterschiede mehr. Berge werden flach, Seen zu Tümpeln, Wälder und Felder zu Ornamenten in einem bizarr geformten Teppich. Nur ein Narr könnte sich beim Anblick der Erde noch für so bedeutend und groß halten, daß er bemerkbar wäre; jeder andere wird empfinden, wie klein und unwichtig er ist. Vielleicht weint er dann. Über sich, über andere – über das Leben, das diese Erde dem Menschen auferlegt ...

C. C. Bergius: Söhne des Ikarus

Der Raum
zwischen Himmel und Erde,
gleicht er nicht einem Blasebalg?
Hohl ist er,
doch er fällt nicht zusammen;
er wird bewegt,
und bringt doch viel hervor.

Lao-Tse: Weisheiten

Kurze Flügel. Die kurzen Flügel des Falken!

Das war die Lösung! Was für ein Narr war ich doch! Ich brauche nur winzig kleine Flügel, ich brauche meine Flügel nur einzuziehen, nur mit den Flügelspitzen zu fliegen!
Kurze Flügel!

Er schwang sich sechshundert Meter über die schwarze See empor, und ohne auch nur eine Sekunde an Mißerfolg und Tod zu denken, faltete er die Flügel an den Rumpf, daß nur die wie schmale Sicheln gebogenen Spitzen dem Wind ausgesetzt waren, dann ließ er sich senkrecht fallen.

Tosend brauste die Luft um seinen Kopf. Hundert Kilometer Stundengeschwindigkeit, hundertfünfzig, hundertneunzig und noch mehr. Der Anprall des Flugwindes auf die Flügel war nun nicht annähernd so stark wie vorher: jetzt konnte er sich mit einer ganz leisen Wendung der Flügelspitzen abfangen, aus der Senkrechten in die Waagrechte übergehen und wie eine grauweiße Kugel unter dem Mond über die Wasserfläche hinschießen.

Gegen den Wind schloß er die Augen halb und schrie jubelnd. Zweihundert Kilometer in der Stunde in voller Flugbeherrschung! Wenn ich aus der doppelten Höhe herabstoße – wie schnell ich dann wohl bin?

Alle guten Vorsätze waren vergessen, waren fortgerissen von diesem Geschwindigkeitsrausch. Ohne Bedenken brach er das Versprechen, das er sich selbst gegeben hatte. Derlei Schwüre gelten nur für Möwen, die mit dem Mittelmaß zufrieden sind. Wer einmal das Außerordentliche erfahren hat, kann sich nicht mehr an die Normen des Durchschnitts binden.

Als die Sonne aufging, war die Möwe Jonathan längst wieder bei ihren Flugversuchen. Aus fünfzehnhundert Metern waren die Fischerboote nur noch Pünktchen auf der weiten blauen Wasserfläche, war der Schwarm futtersuchender Möwen nur noch eine blasse Wolke aus kreiselnden Staubteilchen.

R. Bach / R. Munson: Die Möwe Jonathan

Der Traum des Tschuangtse

Ihm träumte einst, er wär ein Schmetterling,
Der flatternd durch den blauen Äther ging,
Berauscht von Duft und Morgenluft und Sonne.
Das Leben war die reinste Falterwonne!

Es fiel ihm nicht einmal im Traume ein,
Er könnte jemals jemand anders sein.

Als er jedoch in seinem Bett erwachte,
War er durchaus kein Schmetterling und dachte:
ich wüßte gar zu gern, wie sich das reimt!
– Wie, wenn von dem „Erwachen" ich erwachte? . . .

M. Kaléko: In meinen Träumen läutet es Sturm

Menschen wohnen in Orten
Wie Spinnweben aufgefächert,
Kirchen als Mittelpunkt im Netz.
Lichterketten beginnen zu blinken
Flackern wie verlöschendes Licht.

F. Franke

Das Netz
des Himmels reicht weit,
und seine Maschen sind groß;
dennoch
entgeht ihm nichts.

Lao-Tse: Weisheiten

Die Höhenzüge, tief unter dem Flugzeug, gruben schon ihre Schattenfurchen ins Gold des Abends. Aber die Ebenen glommen noch in zähem Licht: sie können sich nie entschließen dortzulande, ihr Gold herzugeben, ebenso wie sie nach dem Winter nie von ihrem Schnee lassen wollen.

Und dem Piloten Fabien, der das Postflugzeug von Patagonien vom äußersten Süden her nach Buenos Aires zurückführte, war es zumute, als steuerte er in den nahenden Abend ein wie in die Gewässer eines Hafens: Stille weithin, kaum gefurcht von ein paar leichten, regungslosen Wolken. Glückliche Geborgenheit einer riesigen Reede.

Oder auch, als schlendere er langsam durch diesen Frieden dahin, fast wie ein Hirte. Die Hirten Patagoniens ziehen gemächlich von Herde zu Herde: er zog von Stadt zu Stadt, er war der Hirt der kleinen Städte. Alle zwei Stunden traf er auf welche, zur Tränke gedrängt ans Ufer der Flüsse oder weidend auf ihrer Ebene.

A. de Saint-Exupéry: Nachtflug

Aufschwung

Glücklich wer hinter Verdrusse und Leid,
Die schwer auf das Dunstmeer des Daseins sich schmiegen,
Mit kräftigem Flügel kann steigen und fliegen
Zu den Gärten des Lichts und der Heiterkeit –

Der, dem Gedanken sich schwerelos schwingen
Frei wie die Lerchen ins Morgenlicht
– Der hoch überm Leben versteht, was spricht
Aus der Blumen Kelch und den schweigenden Dingen!

Ch. Baudelaire: Die Blumen des Bösen

Foto: H. Reichmann

Ein Fluß verliert sich in einen See
Braun wird in klarem Wasser zu Marmor,
Der See saugt auf
Der Fluß ist nicht mehr
War nie gewesen.

F. Franke

Auf Reisen

Ich gehe wieder auf Reisen
*Mit meiner leisen
Gefährtin, der Einsamkeit.*

*Wir bleiben zu zweien einsam
Und haben nichts weiter gemeinsam
Als diese Gemeinsamkeit.*

*Die Fremde ist Tröstung und Trauer
Und Täuschung wie alles. Von Dauer
Scheint Traum nur und Einsamkeit.*

M. Kaléko: In meinen Träumen läutet es Sturm

. . . Der Kleine Prinz durchquerte die Wüste und begegnete nur einer Blume mit drei Blütenblättern, einer ganz armseligen Blume . . .

„Guten Tag", sagte der Kleine Prinz.

„Guten Tag", sagte die Blume.

„Wo sind die Menschen?", fragte höflich der Kleine Prinz.

Die Blume hatte eines Tages eine Karawane vorüberziehen sehen.

„Die Menschen? Es gibt, glaube ich, sechs oder sieben. Ich habe sie vor Jahren gesehen. Aber man weiß nie, wo sie zu finden sind. Der Wind verweht sie. Es fehlen ihnen die Wurzeln, das ist sehr übel für sie."

„Adieu", sagte der Kleine Prinz.

„Adieu", sagte die Blume . . .

A. de Saint-Exupéry: Der Kleine Prinz

Weit unten durchziehen Straßen
Faltige Landschaft wie Adern
Und doch nirgendwo Leben.

F. Franke

Hitze liegt schimmernd über der Erde,
Hier frieren die Scheiben
Und doch wärmt die Sonne durchs Fenster.

F. Franke

Er drehte die Flügel und verlangsamte seinen Flug fast bis zum Stillstand. Die beiden strahlenden Vögel taten das gleiche mühelos, ohne die Lage zu verändern. Sie wußten um den langsamen Flug.

Er legte die Flügel ein, kippte vornüber und ließ sich in einen rasenden Sturzflug fallen. Sie stürzten mit ihm, schossen in geschlossener Formation senkrecht hinab.

Schließlich zog er bei gleichbleibender Geschwindigkeit kerzengrade hoch in eine endlose, vertikale Spirale, und sie folgten wie schwerelos. Er fing sich zu horizontalem Flug ab und schwieg lange. Dann fragte er: „Wer seid ihr?"

„Wir sind von deiner Art, Jonathan. Wir sind deine Brüder." Stark und ruhig tönten die Worte. „Wir sind gekommen, um dich höher hinauf zu geleiten, wir holen dich heim."

„Ich bin nirgends daheim. Ich gehöre zu keinem Schwarm. Ich bin ein Ausgestoßener. Und wir fliegen jetzt schon sehr hoch, wir fliegen auf dem Gipfel des Großen Bergwindes. Viel höher kann ich diesen alten Leib nicht mehr erheben."

„Doch, du kannst es, Jonathan, Du hast viel gelernt. Die eine Lehrzeit ist zu Ende, die Zeit ist gekommen, um in einer anderen neu zu beginnen."

Das Licht, das ihm sein Leben lang geleuchtet hatte, das Licht des Verstehens, erhellte auch diesen Augenblick. Die Möwe Jonathan verstand. Sie hatten recht. Er konnte höher fliegen, es war Zeit, heimzugehen.

R. Bach/R. Munson: Die Möwe Jonathan

Von einem Pik geradeaus vor ihm schoß der Schnee auf: ein Vulkan von Schnee. Dann von einem zweiten etwas rechts. Und so entflammten sich alle die Gipfel einer nach dem andern, wie von einem unsichtbaren Läufer der Reihe nach in Brand gesetzt. Nun stießen die ersten Böen auf, und die Gebirge um den Piloten begannen zu schwanken.

A. de Saint-Exupéry: Nachtflug

Ikarische Klage

Es sind die Buhlen der Dirnen
So glücklich, satt und gemach –
Mir aber die Arme zerbrach
Mein Griff nach den Wolken und Firnen.

Dank den Sternen den ohnegleichen,
Die Himmelsgrunds Fackeln sind,
Sieht mein Auge – verbrannt nun und blind –
Nur der Sonnen Erinnerungszeichen.

Vergebens wollte ich dringen
An des Raumes Mitte und Rand –
Vor undeutbaren Feueraugs Brand
Fühl ich, wie mir schmelzen die Schwingen.

Den die Gluten des Schönen verbrennen,
Mir gibt man nicht einmal den Ruhm,
Den Abgrund – mein Grab einst – darum
Mit meinem Namen zu nennen.

Ch. Baudelaire: Die Blumen des Bösen

Er stieg, die Schwankungen nun besser ausgleichend, dank dem Halt, den sein Blick an den Sternen hatte. Ihr blasser Schein zog ihn magnetisch an. Er hatte so lange auf der Suche nach einem Licht geschmachtet, daß er auch von dem dürftigsten nicht wieder abgelassen hätte, sondern hungrig darumgekreist wäre, wie um einen Herbergsschimmer, bis an seinen Tod. Und hier stieg er zu ganzen Gefilden von Licht hinauf.

Er erhob sich nach und nach in den Brunnenschacht, der sich über ihm geöffnet hatte und sich unter ihm wieder schloß. Und die Wolken verloren, je höher er stieg, ihre schmutzige Düsternis, glitten wie immer reinere und weißere Wogen auf ihn zu . . .

A. de Saint-Exupéry: Nachtflug

Ewig
ist der Himmel
und ewig ist die Erde;
was aber macht ihnen möglich,
ewig zu dauern?
Es ist,
weil sie nicht selber leben,
darum können sie ewig leben.

Lao-Tse: Weisheiten

„Der ganze Körper ist von einer Flügelsspitze zur anderen nichts anderes als Gedanke", sagte Jonathan. „Geist in sichtbarer Gestalt. Durchbrecht die Beschränktheit eures Denkens, und ihr zerbrecht damit auch die Fesseln des Körpers . . ." Aber was er ihnen auch sagte, es klang nur wie wunderschöne Phantasien, die sie angenehm einschläferten.

R. Bach/R. Munson: Die Möwe Jonathan

Quellen

Die Gedichte und Texte sind folgenden Ausgaben entnommen:

Richard Bach/Russell Munson: Die Möwe Jonathan, Verlag Ullstein GmbH, Berlin, 30. Auflage Februar 1985.

Charles Baudelaire: Die Blumen des Bösen. Aus dem Französischen von Carlo Schmid, Insel Verlag, Frankfurt am Main 1976.

C. C. Bergius: Söhne des Ikarus, Die abenteuerlichsten Fliegergeschichten der Welt, Wilhelm Goldmann Verlag, München, 3. Auflage Juli 1984. © 1979 C. Bertelsmann Verlag GmbH, München.

Mascha Kaléko: In meinen Träumen läutet es Sturm, Gedichte und Epigramme aus dem Nachlaß, Deutscher Taschenbuch Verlag, München, 8. Auflage Februar 1985.

LAO-TSE: Weisheiten, Herausgegeben von Jörg Weigand, Wilhelm Heyne Verlag, München, 1982.

Antoine de Saint Exupéry: Der Kleine Prinz, Karl Rauch Verlag KG, Düsseldorf, Neuauflage 1983.

Antoine de Saint-Exupéry: Nachtflug, Mit einem Vorwort von André Gide, Fischer Taschenbuch Verlag, Frankfurt am Main, Nachdruck Dezember 1983.